FICHA CATALOGRÁFICA

(Preparada na Editora)

Xavier, Francisco Cândido, 1910-2002.

X19d   Dinheiro / Francisco Cândido Xavier, Espírito de Emmanuel. Araras, SP, 13ª edição, IDE, 2023.

96 p.: il.

ISBN 978-65-86112-52-8

1. Espiritismo 2. Psicografia. I. Emmanuel. II. Título.

CDD-133.9

-133.91

Índices para catálogo sistemático:
1. Espiritismo 133.9
2. Psicografia: Espiritismo 133.91

DINHEIRO

ISBN 978-65-86112-52-8

13ª reimpressão - outubro/2023

Copyright © 1986,
Instituto de Difusão Espírita - IDE

Conselho Editorial:
Doralice Scanavini Volk
Wilson Frungilo Júnior

Produção e Coordenação:
Jairo Lorenzeti

Capa:
Samuel Carminatti Ferrari

Diagramação:
Maria Isabel Estéfano Rissi

Parceiro de distribuição:
Instituto Beneficente Boa Nova
Fone: (17) 3531-4444
www.boanova.net
boanova@boanova.net

INSTITUTO DE DIFUSÃO ESPÍRITA - IDE
Rua Emílio Ferreira, 177 - Centro
CEP 13600-092 - Araras/SP - Brasil
Fones (19) 3543-2400 e 3541-5215
CNPJ 44.220.101/0001-43
Inscrição Estadual 182.010.405.118
www.ideeditora.com.br
editorial@ideeditora.com.br

Todos os direitos reservados. Nenhuma parte desta publicação pode ser reproduzida, armazenada ou transmitida, total ou parcialmente, por quaisquer métodos ou processos, sem autorização do detentor do copyright.

CHICO XAVIER E EMMANUEL

CHICO XAVIER

DINHEIRO

Dinheiro

Dinheiro 9

1 - Dinheiro 13

2 - Estudando o dinheiro 17

3 - Estudando a riqueza 21

4 - Observemos 25

5 - No templo do bem 29

6 - O talento de todos 33

7 - Beneficência e caridade 37

8 - Diante de Deus e de César 41

9 - Estudando a felicidade 45

10 - Penúria e riqueza 49

11 - Sejamos ricos em Jesus 53

12 - Entendimento 57

13 - Talentos 61

14 - A pobreza feliz 65

15 - Avareza 69

16 - O vintém 73

17 - Elevação 77

18 - Entre o céu e a terra 81

19 - Ouro e poder 85

20 - Trabalho e riqueza 89

Dinheiro

PREZADO LEITOR.

É possível consideres chocante o título deste livro, escrito com a finalidade de satisfazer às solicitações de numerosos amigos.

Não temos, porém, aqui quaisquer indicações para a conquista do dinheiro fácil, nem qualquer mapa capaz de localizar determinada maneira da fortuna.

Existem livros e livros, orientando os serviços diversos, indispensáveis à administração da moeda que surge, em todas as regiões do mundo, por símbolo do poder aquisitivo, entretanto, o nosso volume despretensioso se refere unicamente à aplicação dos recursos financeiros, no câmbio do amor ao próximo.

Pedimos vênia para reportar-nos ao dinheiro que se faz dínamo do trabalho e da beneficência.

Não desconhecemos que na base do dinheiro é que se fazem os aviões e os arranha-céus, no entanto, é igualmente com ele que se consegue o lençol para o doente desamparado ou a xícara de leite para a criança desvalida.

Para quantos procurem compreender o assunto em foco, trocando a moeda pelo pão destinado a socorrer as vítimas da penúria ou permutando-a pelo frasco de remédio para aliviar o enfermo estirado nos catres de ninguém, reconhecerão todos eles que o dinheiro também é de Deus.

EMMANUEL

Uberaba, 15 de janeiro de 1986.

"Todos os recursos e situações do caminho são bênçãos de Deus, trabalhe por todos, no silêncio do bem."

Chico Xavier

1
Dinheiro

O DINHEIRO NÃO COMPRA O CÉU, MAS PODE gerar a simpatia na Terra, quando utilizado nas tarefas do Bem.

Não paga a boa vontade, entretanto, semeia o benefício e o contentamento de viver, se nossa alma permanece voltada para a Divina Inspiração.

Não tem valor para câmbio, depois da morte, contudo, é sustentáculo do progresso geral, se nosso espírito está centralizado nos objetivos de elevação.

Não é fator absoluto de alegria ou de felicidade, mas pode ser o remédio ao doente, a gota de leite à criancinha desamparada, o teto ao velhinho relegado ao frio da noite, o socorro silencioso ao necessitado, o pão que socorre ao peregrino sem lar.

Não é gerador de luz, entretanto, pode estender a fonte das idéias de consolação e de amor, em que muitas almas sequiosas de paz se dessedentam.

Não é a base da harmonia, mas, em muitas ocasiões, consegue devolver a tranquilidade a corações paternos desalentados e a ninhos domésticos infelizes, toda vez que os nossos sentimentos se inclinam para a verdadeira solidariedade.

Não permitas que o dinheiro te tome o coração, usando-te a vida, qual despótico senhor e sim conduzamo-lo, através da utilidade, do entendimento e da cooperação, sob os imperativos da lei de fraternidade que nos reúne.

Não nos esqueçamos de que Jesus abençoou o vintém da viúva, no tesouro público do Templo e, empregando o dinheiro para o bem, convertamo-lo em colaborador do Céu em todas as situações e dificuldades da Terra.

"A alegria é fonte de estímulo."

Chico Xavier

2
Estudando o dinheiro

NÃO É A AUTORIDADE QUE SOLAPA A ELEVAÇÃO da alma.

É o abuso do poder.

Não é a inteligência que destila o veneno intelectual.

É a maldade com que a mobilizamos.

Não é o tesouro verbalístico que abre feridas naqueles que nos ouvem.

É o modo com que arremessamos o estilete da palavra.

Não é a beleza da forma que gera o fel do desencanto.

É a vaidade com que a malbaratamos no desequilíbrio.

Assim também não é o dinheiro que nos condena aos processos da angústia.

É a nossa maneira de empregá-lo, quando nos esquecemos de facilitar a corrente do progresso, através da ação diligente na fraternidade e do devotamento ao bem, com que nos cabe colaborar no engrandecimento do trabalho e da vida.

O ouro com Jesus é bálsamo na úlcera do enfermo, é gota de leite à criancinha desvalida, é remédio ao doente, é agasalho aos que tremem de frio, é socorro no lar sitiado pelo infortúnio, é assistência aos braços que suplicam atividade digna, é amparo aos animais e proteção à natureza.

O cofre forte nas garras da sovinice é metal enferrujado, suscitando a penúria, mas um vintém no serviço de Jesus pode converter-se em promissora sementeira de paz e felicidade.

Não amaldiçoes o dinheiro, instrumento passivo em tuas mãos.

Faze-o servir contigo, sob a inspiração do Cristo, e todas as tuas possibilidades financeiras serão valiosos talentos em teu caminho, cooperando com o teu esforço, na edificação do Reino de Deus.

Chico Xavier

3
Estudando a riqueza

NÃO É SOMENTE O RICO DA PARÁBOLA O GRAN-de devedor diante da vida.

A fortuna amoedada é, por vezes, simples cárcere.

Há outros avarentos que devemos recordar em nossa viagem para a Luz Maior.

Temos, conosco, os sovinas da inteligência, que se ocultam nas floridas trincheiras da inércia; os abastados da saúde que desamparam os aflitos e os doentes; os privilegiados da alegria que cerram a porta aos tristes, isolando-se no oásis de prazer; os felizes da fé que procuram a solidão, a pretexto de se preservarem contra o pecado; os expoentes da mocidade que menosprezam a velhice; os favorecidos da família terrestre, que olvidam os andarilhos da penúria que vagueiam sem lar.

Todos esses ricos da experiência comum contraem pesados débitos para com a Humanidade.

Lembremo-nos de que o Tesouro Real da Vida está em nosso coração.

Quem não pode doar algo de si mesmo, na boa vontade, no sorriso fraterno ou na palavra sincera de bondade e encorajamento, debalde estenderá as mãos recheadas de ouro, porque só o amor abre as portas da plenitude espiritual e semeia na Terra a luz da verdadeira caridade, que extingue o mal e dissipa as trevas.

A pobreza é mera ficção.

Todos temos algo.

Todos podemos auxiliar.

Todos podemos servir.

E, consoante a palavra do Mestre, "*o maior na vida será sempre aquele que se fizer o devotado servidor de todos*".

Chico Xavier

4
Observemos

NÃO TE DETENHAS NO PODER AQUISITIVO DO
ouro terrestre para fazer o bem.

Anota a riqueza dos teus conhecimentos e não
menosprezes o companheiro ainda enleado no espi-
nheiro da ignorância.

Considera o tesouro da fé que te enriquece o entendimento e aprende a desculpar o irmão em dificuldade que talvez se encontre no precipício da negação.

Medita sobre a luz que te brilha na compreensão
e não reproves o infeliz que ainda tateia nas trevas.

Analisa o patrimônio de amor que te vivifica a existência e auxilia as vítimas do ódio que não souberam edificar para si mesmas senão o reduto do sofrimento.

Examina as tuas conquistas de segurança pessoal e não passes de largo, à frente dos caídos em desânimo ou desesperação.

Relaciona os valores da saúde que te consolidam o relativo equilíbrio na Terra e não perca a serenidade e a paciência com os enfermos que te reclamam devotamento e carinho.

Mentaliza a riqueza de tuas horas, de tuas palavras, de teus movimentos livres.

Reflete no acervo de bênçãos amontoadas em teus olhos que vêem, em teus ouvidos que ouvem, em teus pés que andam e em tuas mãos que trabalham.

Quem será mais rico de verdadeira felicidade, o homem que agoniza sobre um monte de ouro ou aquele que pode respirar os perfumes do vale, entre a paz do trabalho e a misericórdia da luz?

Não admitas que a caridade seja tarefa exclusiva dos que acumularam o dinheiro do mundo. Ao invés disso, compadece-te do irmão que se fez sovina, aferrolhando o próprio coração, entre as duras paredes de um cofre forte.

Recordemos o Divino Doador da Vida Imperecível.

Cristo, sem monumentalizar o amor em obras de metal ou de pedra, com um simples berço de palha e com uma cruz de sacrifício a lhe emoldurarem o ministério de fraternidade, espalhou a beleza e a paz, o otimismo e a compreensão em todos os escaninhos do mundo, a benefício de todas as gerações.

Em matéria de auxiliar, dividamos a nossa própria alma, na prestação do serviço infatigável da boa vontade para com todos.

E, com semelhante investimento, estejamos convencidos de que toda a penúria do nosso passado não nos subtrairá o tesouro de bênçãos que acumularemos, nos altos caminhos da vida, a brilhar perenemente em nosso grande futuro.

Chico Xavier

5
No tempo do bem

ELOGIÁVEL SE TE FARÁ A BENEFICÊNCIA NAS
atitudes, despendendo somas consideráveis, em favor dos necessitados, mas se buscares pessoalmente os irmãos infelizes, oferecendo-lhes o abraço de solidariedade e bom ânimo, brilhar-te-á no coração a bondade pura.

Cooperarás com expressiva parcela amoedada na obra assistencial aos doentes e serás, com isso, o credor de alegria e reconhecimento de muitos beneficiários na Terra, entretanto, se além disso, te confiares ao esforço de auxiliar ao enfermo e ao desvalido, com as próprias mãos, contarás com a ternura e com o agradecimento de outras muitas criaturas na Vida Maior.

Serás estimado por muita gente ao ceder as sobras de tua casa no socorro aos famintos e aos nus, no entanto, se renunciares um tanto, à satisfação dos próprios desejos, procurando os filhos do infortúnio, para reconfortá-los, serás louvado além do mundo.

Ensinarás o bem, escalando os galarins da popularidade, pelo verbo fácil que te fulgura na boca e serás, em razão disso, o favorito das multidões, durante algum tempo, mas se praticares a virtude que apregoas, sacrificando-te com sinceridade e devotamento, em auxílio dos que te rodeiam, iluminarás o caminho terrestre e viverás em longas filas de corações agradecidos.

Procuremos o bem, difundindo-o, exaltando-o e destacando-o, através de todas as oportunidades ao nosso dispor, entretanto, diligenciemos honrá-lo, com a nossa integração em seus fundamentos e apelos.

Caridade ensinada melhora os ouvidos.

Caridade praticada aprimora os corações.

Dividir conscienciosamente os bens que retemos é sustentar a respeitabilidade humana.

Renunciar, a benefício do próximo, será sempre elevar-se.

Derramando os valores da própria alma, Jesus legou ao mundo os tesouros da Compreensão e da Paz.

Além de espalhar as possibilidades com que a Providência Divina nos abençoa a vida, forneçamos, no auxílio aos outros, algo de nosso tempo, de nosso suor, de nosso carinho e de nossos braços, na mobilização de nós mesmos, e estaremos transformando a própria existência num poema de luz e amor que possa acrescentar o amor e a luz sobre os quais o Cristo, entre os homens, vem construindo o Reino de Deus.

Chico Xavier

6
O talento de todos

Na abastança ou na carência, na direção ou na subalternidade, não menosprezes agir e servir, porque o trabalho, nas concessões do espaço e do tempo, é o talento comum a todos, pelo uso do qual o espírito se engrandece, no rumo das Esferas Superiores a que se destina.

Por ele, as forças mais simples da natureza se movimentam na senda evolutiva, escalando os degraus do progresso para a subida aos cimos da experiência.

Com ele, o verme se agita e fecunda o seio da terra.

Através dele, esforça-se a semente e transforma-se na planta útil, a erigir-se em abençoada garantia do pão.

Aproveitando-o, a abelha se faz operária laboriosa, fabricando a excelência do mel.

Atendendo-lhe a inspiração, o manancial se desloca e, crescendo em possibilidades sempre mais vastas, converte-se no grande rio que apóia a civilização em torno do próprio sulco.

Tudo na paisagem que nos cerca é a exaltação desse talento realmente divino.

É por isso que dinheiro e saúde, cultura e inteligência, tanto quanto os numerosos recursos que rodeiam o homem na Terra, subordinam-se ao trabalho, a fim de se agigantarem na produção e na multiplicação dos benefícios que lhes dizem respeito.

Não te deixes vencer pelas considerações negativas da tristeza, da revolta, do pessimismo ou da indisciplina, que estão sempre condicionando a ação que lhes é própria à exigência de remuneração.

Responde ao Senhor que te serve por intermédio do trabalho incessante da natureza com o trabalho infatigável de teu pensamento e de teus braços, de teu cérebro e de teu coração, para que te eleves à comunhão com o Amor Infinito.

Sem trabalho, a fé se resume à adoração sem proveito, a esperança não passa de flor incapaz de frutescência e a própria caridade se circunscreve a um jogo de palavras brilhantes, em torno do qual, os nus e os famintos, os necessitados e os enfermos costumam perecer, pronunciando maldições.

Trabalha e vive.

Não admitas que a fortuna do tempo, emprestada a todos pela Bondade de Deus se dissipe em tuas mãos, congelada no ideal inoperante.

Realmente, muitos desastres nos perseguem o caminho das experiências necessárias, em forma de falhas e fraquezas de nossas almas, à frente das Leis de Deus, mas de todos eles, o maior de todos é a preguiça, porque a preguiça é a protetora da ignorância e da penúria e, através da penúria e da ignorância, poderemos descer aos mais estranhos desequilíbrios do mal.

Chico Xavier

7
Beneficência e caridade

A BENEFICÊNCIA ALIVIA A PROVAÇÃO.

A caridade extingue o mal.

A beneficência auxilia.

A caridade soluciona.

Distribuirás à mancheias algo do ouro que se te derrama da bolsa, entretanto, se nesse algo não puseres a luz de teu amor, em forma de respeito e carinho, ante as chagas do semelhante, não terás construído nele a compreensão que o fará reconciliar-se consigo próprio.

Oferecerás de tua inteligência preciosos recursos aos que se desesperam na ignorância, mas, se furtas à lição a bênção da simpatia, não estenderás ao companheiro que o sofrimento enceguece a claridade precisa.

Não é a dádiva de tua abastança ou o valor de tua cultura que importam no serviço de elevação e aprimoramento da paisagem que te rodeia.

É o modo com que passas a exprimi-los, cedendo de ti mesmo naquilo que o Senhor te emprestou para distribuir, porquanto a atitude é o fator de fixação desse ou daquele sentimento no vasto caminho humano.

Vale mais o exemplo vivo de compaixão que a frase adornada de exaltação à virtude, pronunciada tão-somente com a boca e aparece com mais beleza o gesto de fraternidade que a esmola reconfortante, suscetível de ser espalhada por ti simplesmente com o esforço mecânico do braço.

Isso, porque, todos precisamos de renovação interior para o acesso aos tesouros do espírito e, fazendo o bem, com o impulso de nossas próprias almas, valorizaremos a palavra com que venhamos a emiti-lo, edificando a vida em nós e junto de nós, com o próximo e conosco, realizando sempre o melhor.

Chico Xavier

8

Diante de Deus e de César

EM NOSSO RELACIONAMENTO HABITUAL COM César simbolizando o governo político – não nos esqueçamos de que o mundo é de Deus e não de César, a fim de que não sejamos parasitas na organização social em que fomos chamados a viver.

Muitos se acreditam plenamente exonerados de quaisquer obrigações para com o poder administrativo da Terra, simplesmente porque, certo dia, pagaram à máquina governamental que os dirige os impostos de estilo, exigindo-lhe em troca serviços sacrificiais por longo tempo.

É justo não olvidar que somos de Deus e não de César e que César não dispõe de meios para substituir junto de nós a assistência de Deus.

Por isso mesmo, a Lei, expressando as determinações do Alto, conta com a nossa participação constante no bem, se nos propomos alcançar a vitória com o progresso real.

Examinando o assunto nestes termos, ouçamos a voz do Senhor que nos fala na acústica da própria consciência e procuremos a execução de nossos deveres sem esperar que César nos visite com exigências ou aguilhões.

O trabalho é regulamento da vida e cultivemo-lo com diligência, utilizando os recursos de que dispomos na consolidação do melhor para todos os que nos cercam.

Auxiliar aos outros é recomendação do Céu e em razão disso, auxiliemos sempre, seja amparando a um companheiro infeliz, protegendo uma fonte ameaçada pela secura ou plantando uma árvore benfeitora que amanhã falará por nós à margem do caminho.

Todos prestaremos contas à Divina Providência quanto aos bens que nos são temporariamente emprestados e, sem qualquer constrangimento da autoridade humana, exercitemos a compreensão e a bondade, a paciência e a tolerância, o otimismo e a fé, apagando os incêndios da rebelião ou da crítica onde estiverem e estimulando, em toda parte, a plantação de valores suscetíveis de estabelecer a harmonia e a prosperidade em torno de nós.

Não vale dar a César algumas moedas por ano, cobrindo-o de acusações e reprovações, todos os dias.

Doemos a Deus o que é de Deus, oferecendo o melhor de nós mesmos, em favor dos outros, e, desse modo, César estará realmente habilitado a amparar-nos e a servir-nos, hoje e sempre, em nome do Senhor.

Chico Xavier

9
Estudando a felicidade

OBSERVA O QUE DESEJAS E O QUE FAZES, A FIM de que ajuízes, com segurança, sobre a felicidade que procuras.

Certifiquemo-nos de que a alegria possui igualmente diversos níveis e de que nos compete, acima de tudo, cultivar a devoção aos valores amplos e substanciais que possam sobreviver conosco na Vida Maior.

No mundo, a felicidade varia com a posição das criaturas e se buscamos o Cristo por nosso Mestre é indispensável saibamos conquistar o nosso estímulo de viver no clima do Sumo Bem.

Há pessoas que se contentam com exclusivo reconforto de comer, dormir e procriar, guardando assim tão somente a felicidade que os seres mais simples cultuam nas linhas inferiores da natureza.

Vemos espíritos atilados no cálculo que apenas se comprazem amontoando ouro ou utilidades, com desvantagem para os semelhantes, estabelecendo, desse modo, para si mesmos a felicidade dos loucos.

Anotamos companheiros da Humanidade que somente se rejubilam com a exibição de títulos suntuários, na ordem social ou econômica, cristalizando-se na vaidade ou no orgulho que lhes facilitam a espetacular descida para a morte, forjando, dessa maneira, em prejuízo deles próprios, a felicidade dos tolos.

Identificamos irmãos que apenas se honram na crueldade, sorrindo com o alheio infortúnio e alardeando compaixão que não sentem, construindo para si mesmos a felicidade dos que se instalam no purgatório da própria consciência.

A felicidade cristã, no entanto, é diferente.

Nasce da alegria que venhamos a semear para os outros, desenvolve-se no bem infatigável, frondeja no espírito de serviço, floresce na esperança e frutifica no sacrifício daquele que se oferece para a materialização da felicidade geral.

Não te demores no prazer que hoje te suscita gargalhadas para cerrar-se amanhã em amargosa penitência.

Procuremos a felicidade de Jesus, que ainda não está completamente neste mundo, para que este mundo se levante para a felicidade perfeita.

Para isso, não desdenhes a tua cruz, porque somente através do desempenho de nossas obrigações na prática do bem é que encontraremos a nossa verdadeira vitória.

Chico Xavier

10
Penúria e riqueza

Penúria e riqueza, na essência, não constam dos elementos que possuímos mas do sentimento que nos possui.

A grandeza das concessões de Deus pontilha a rota do homem desde a hora primeira em que se lhe estrutura o berço no campo humano.

Tudo se conta, em derredor de seus passos, pelo diapasão da previdência constante.

Ante a melodia silenciosa da renúncia materna, todas as circunstâncias se conjugam favoráveis à criatura para que se desenvolva e ocupe o lugar que a Misericórdia Divina lhe marcou.

O lar e o sol, a escola e o conhecimento, o trabalho e a amizade enriquecem-lhe todos os marcos, em demanda à tarefa que lhe compete cumprir.

Entretanto, muitas vezes, pela vocação da sovinice impenitente, recolhe o ouro do mundo para erigir com ele o túmulo suntuoso em que se lhe sepulta a esperança e recebe a bênção do amor para transformá-la na algema que o encarcera, por vezes, no purgatório do sofrimento.

Reter para si somente os bens que a vida espalha é gerar os males reais que nos sitiam a senda, e valer-se dos males aparentes da jornada terrestre, convertendo-os em valores de entendimento e de aprendizado, é criar em si próprio o bem justo que se fará o bem de todos.

Não nos fixemos na reprovação contra os irmãos aprisionados nos enganos da fortuna passageira e sim auxiliemo-los, sem exigência, a compreender a importância do dinheiro e do tempo para a execução das boas obras.

Eleva a própria alma ao trabalho constante suscetível de gerar os patrimônios mais elevados da vida e, estudando e aprendendo, auxiliando e amando, na abastança ou na carência de recursos materiais, terás o coração a fulgir no caminho, por brilhar em ti mesmo qual estrela da bênção.

Chico Xavier

11

Sejamos ricos em Jesus

QUEM JULGA PELAS APARÊNCIAS, QUASE SEMPRE esbarra na areia móvel das transformações repentinas a lhe solaparem o edifício das errôneas conclusões.

Existem criaturas altamente tituladas nas convenções do mundo, que trazem consigo uma fonte viva da humildade no coração, enquanto que há mendigos, de rosto desfigurado, que carreiam no íntimo a névoa espessa do orgulho a empanar-lhes o entendimento.

Há ricos que são maravilhosamente pobres de avareza e encontramos pobres lamentavelmente ricos de sovinice.

Somos defrontados, em toda a parte, por grandes almas que se fazem humildes, a serviço do Senhor, na pessoa do próximo, e frequentemente, surpreendemos espíritos rasteiros envergando túnicas de vaidade e dominação.

Jesus, louvando os "pobres de espírito", não tecia encômios à ignorância, à incultura, à insipiência ou à nulidade, e sim exaltava os corações simples que descobrem na vida, em qualquer ângulo da existência, um tesouro de bênçãos, com o qual é possível o enriquecimento efetivo da alma para as alegrias da elevação.

"Pobres de espírito", na plataforma evangélica, significa tão-somente "pobres de fatuidade, de pretensos destaques intelectuais, de supostos cabedais da inteligência." É necessário nos acautelemos contra a interpretação exagerada do texto, em suas expressões literais, para penetrarmos o verdadeiro sentido da lição.

A pobreza e a pequenez não existem na obra divina.

Constituem apenas posições transitórias criadas por nós mesmos, na jornada evolutiva em que aprenderemos, pouco a pouco, sob o patrocínio da luta e da experiência, que tudo é grande no Universo de Deus.

Todos os seres, todas as tarefas e todas as cousas são peças preciosas na estruturação da vida.

Onde estiveres, faze-te espontâneo para recolher a luz da compreensão.

Alijemos os farrapos dourados da ilusão, que nos obscurecem a alma, estabelecendo a necessária receptividade no coração, e entenderemos que todos somos infinitamente ricos de oportunidades de trabalhar e servir, de aprender e aperfeiçoar, infatigavelmente.

O ouro será, muitas vezes, difícil provação e os cimos sociais na Terra, quase sempre, são amargos purgatórios para a alma sensível, tanto quanto a carência de recursos materiais é bendita escola de sofrimento, mas a simplicidade e o amor fraterno, brilhando, por dentro de nosso espírito, em qualquer situação no caminho da vida, são invariavelmente o nosso manancial de alegrias sem fim.

Chico Xavier

12
Entendimento

NÃO OLVIDES QUE A OBRA DO ENTENDIMENTO, no edifício da tranqüilidade comum, é assim qual alicerce nos fundamentos do instituto doméstico, a erguer-se, acolhedor.

Efetivamente, não dispões de arcas repletas com que atender à exigência de todos os famintos da estrada, mas podes suportar com carinho o parente menos feliz que se socorre habitualmente de tua casa.

Em verdade, não conseguirás remédio bastante para todos os doentes da região em que te situas, entretanto, não te faltam possibilidades de tolerar o vizinho enfermo que, muitas vezes, te incomoda entre a obsessão e a necessidade.

Indiscutivelmente não deténs recurso para convencer aos amigos, enrijecidos na indiferença, quanto à realidade da justiça divina e da sobrevivência da alma, no entanto, podes com o teu exemplo silencioso de bondade e renúncia, em favor deles, insuflar--lhes pensamentos de solidariedade e compreensão, preparando-lhes a futura sementeira de fé.

Decerto, não contas com facilidades e privilégios para remover os obstáculos à ordem pública, nem guardas contigo o poder de evitar as calamidades do quadro social em que o Senhor te conserva a existência, no entanto, podes auxiliar a teu filho ou a teu pai, a teu irmão ou a teu companheiro com a palavra generosa, com o sorriso amistoso, com a atitude compreensiva ou com a prece oculta na extinção de males iniciantes e imprevisíveis, porquanto não ignoramos que o incêndio, quase sempre, começa na fagulha imperceptível.

Cultiva o entendimento, mobilizando a ti

mesmo nessa jornada de amor, e acenderás entre os homens aquela caridade que é senda de luz para a Vida Maior.

Usa o dinheiro a teu serviço, na beneficência que te enriquece o caminho, e movimenta o teu verbo inflamado de cultura, no esclarecimento das almas, todavia, não te esqueças de que somente compreendendo aos outros para melhor servi-los, segundo os padrões do Cristo, nosso Mestre e Senhor, é que estaremos, realmente, no clima nutriente daqueles que se consagram à construção da Humanidade Melhor.

Chico Xavier

13
Talentos

A POBREZA NÃO É CRIAÇÃO DO TODO-MISERI-cordioso. Ela existe somente em função da ignorância do homem que, por vezes, se arroja aos precipícios da inconformação ou da ociosidade, gerando o desequilíbrio e a penúria.

Há talentos do Senhor distribuídos por todas as criaturas, em toda parte.

Observa os elementos de trabalho que a vida te conferiu e não te esqueças de que a única fonte de origem e de sustentação da riqueza legítima é sempre o trabalho.

O ouro é talento com que se pode ampliar o progresso.

O apuro da inteligência é recurso de extensão da cultura.

A escassez é o processo da aquisição de nobres qualidades para quem aprende a servir.

A alegria é fonte de estímulo.

A dor para quem se consagra à aceitação construtiva, é capaz de se transformar em manancial de humildade.

Cada qual de nós recebe na herança congênita do pretérito, as possibilidades de serviço que nos caracterizam as tendências no mundo, de acordo com os méritos e necessidades que apresentemos.

Em razão disso, é indispensável saibamos aproveitar o tempo, qual deve o tempo ser utilizado, de vez que os dias correm sobre os dias, até que o Senhor nos tome conta dos créditos, que generosamente nos emprestou.

Usa a compreensão para que a fortuna terrestre

te não prenda nas teias da sovinice e para que a carência de ordem material não te encarcere nas labaredas da rebeldia.

A abastança que se desmanda no egoísmo e a provação que se perde na delinquência encontram-se, desamparadas por si mesmas, nas veredas do mundo.

Derrama o tesouro de amor que o Pai Celestial te situou no coração, através das bênçãos de fraternidade e simpatia, bondade e esperança para com os semelhantes e, em qualquer grupo social no qual te vejas, serás, invariavelmente, a criatura realmente feliz, sob as bênçãos da Terra e dos Céus.

Chico Xavier

14
A pobreza feliz

QUEM SE EMPOBRECE DE AMBIÇÕES INFERIOres, adquire a luz que nasce da sede de perfeição espiritual.

Quem se empobrece de orgulho, encontra a fonte oculta da humildade vitoriosa.

Quem se empobrece de exigências da vida física, recebe os tesouros inapreciáveis da alma.

Quem se empobrece de aflições inúteis em torno das posses efêmeras da Terra, surpreende a riqueza da paz em si mesmo.

Quem se empobrece de vaidade, amealha as bênçãos do serviço.

Quem se empobrece de ignorância, ilumina-se com a chama da sabedoria.

Não vale amontoar ilusões que nos enganam somente no transcurso de um dia.

Não vale sermos ricos de mentira, no dia de hoje, para sermos indigentes da verdade, no dia de amanhã.

Ser grande, à frente dos homens, é sempre fácil. A astúcia consegue semelhante fantasia sem qualquer obstáculo.

Mas ser pequenino, diante das criaturas, para servirmos realmente aos interesses do Senhor, junto da Humanidade, é trabalho de raros.

Bem-aventurada será sempre a pobreza que sabe se enriquecer de luz para a imortalidade, porque o rico ocioso da Terra é o indigente da Vida Mais Alta e o pobre esclarecido do mundo é o espírito enobrecido das Esferas Superiores, que será aproveitado na extensão da Obra de Deus.

"A beneficência auxilia.
A caridade soluciona."

Chico Xavier

15
Avareza

O AVARENTO DOS BENS MATERIAIS É CREDOR DE reprovação, mas o avarento do amor é digno de lástima.

O primeiro se esconde num poço dourado, o segundo mergulha-se nas sombras do coração.

O sovina da fortuna amoedada retém pedras, metais e papéis de valor convencional, que a vida substitui na provisão de recursos à comunidade, mas o sovina da alma retém a fonte da felicidade e da paz, da esperança e do bom ânimo que constitui alimento indispensável à própria vida.

O primeiro teme gastar bagatelas e arroja-se à enfermidade e à fome.

O segundo teme difundir os conhecimentos superiores de que se enriquece e suscita a incompreensão, ao redor dos próprios passos.

O sovina da riqueza física encarcera-se no egoísmo.

O sovina das bênçãos da alma gera a estagnação onde se encontra, envolvendo-se ele mesmo em nevoeiro perturbador.

Ainda que não possuas dinheiro com que atender às necessidades do próximo, não olvides o tesouro de dons espirituais que o Senhor te situou no cerne da própria alma.

Auxilia sempre.

Mais se faz útil quem mais se dedica aos semelhantes amparando-lhes a vida.

As casas bancárias e as bolsas repletas podem guardar a fria correção dos números sem consciência, mas o coração daquele que ama é sol a benefício das criaturas, convertendo a dificuldade e a dor, a desventura e a escassez em recursos prodigiosos, destinados à humana sustentação.

Chico Xavier

16
O vintém

O GRANDE E LUMINOSO TEMPLO DA VIDA PER-
manece de portas descerradas.

É o mundo vasto... É a Terra prodigiosa de bênçãos e dons, ostentando cidades que são templos do
progresso, campos que são áreas de luz, fontes que re-
presentam vasos de água viva, flores que constituem
adornos espalhados no Planeta em que nossas almas
se movimentam nas sendas da evolução.

No orbe imenso, há quem ofereça ao progresso e ao aperfeiçoamento da Humanidade as grandes
missões da fé religiosa, da política administrativa, da

ciência e da filosofia, nos fulgores intelectuais da cultura e da inteligência; há quem oferece ao aprimoramento do amor a graça do lar, o carinho afetivo, o brilho da arte e a grandeza do sentimento burilado em obras de benemerência e ternura, que fixam novos capítulos à elevação da vida.

Não podemos, no entanto, olvidar a excelsitude da colaboração aparentemente pequenina daqueles corações dilacerados, aflitos e anônimos, que trazem ao bem da comunidade o singelo concurso de que podem dispor.

É o sorriso de compreensão e de estímulo ao companheiro desconhecido.

É a palavra oportuna que soergue o bom ânimo de um amigo arrojado ao desalento.

É a bondade oculta que auxilia sem exigir compensação.

É a bênção do concurso fraterno que apaga o fogo da maledicência.

É a dádiva fraterna da amizade sem egoísmo.

É a oferta do coração que ampara sem ruído.

Temos sempre nessas admiráveis contribuições o precioso vintém do amor e se cada um de nós dispender um só de semelhantes vinténs, em cada dia da vida, estejamos convencidos de que, dentro em breve, teremos amontoado para a nossa felicidade um tesouro infinito na Espiritualidade Maior.

Chico Xavier

17
Elevação

Não te esqueças de que há elevação, segundo o critério das convenções humanas, e há elevação, de conformidade com as Leis Divinas.

Muitos se arrojam à grande altura nos domínios da posse efêmera, abusando da terra e do metal que a vida lhes oferece, por algum tempo, e acabam caídos gritando por socorro nos escombros das próprias ilusões.

Muitos são guindados às eminências da popularidade desfrutando largos valores da inteligência, tão-só para o culto à vaidade que lhes é própria, e descem à inação cerebral, vitimados, às vezes, por inibições de longo curso.

Muitos se supõem acima dos semelhantes na própria virtude, engodados pela sombra que lhes enceguece a visão, desmandando-se no falso julgamento do próximo e na superestimação de si mesmos, no entanto, caem, quase sempre, de improviso, nos braços da verdade, a fim de reconhecerem as próprias deficiências.

Lembra-te de que todos os recursos e situações do caminho são bênçãos de Deus, convidando-te ao trabalho por todos, no silêncio do bem.

Ninguém se elevará para Deus, humilhando ou perturbando, no campo infeliz da discórdia e da crueldade, ainda mesmo que o nome do Senhor lhes marque a visitação e lhes cintile na boca.

Cultivemos o amor e a humildade com incessante serviço, em auxílio de todos os que nos cercam e o Senhor levantar-nos-á o espírito para os cimos da vida, de vez que somente a Infinita Sabedoria pode determinar a verdadeira elevação de alguém para a luz da imortalidade.

"A beneficência alivia a provação.
A caridade extingue o mal."

Chico Xavier

18
Entre o céu e a terra

PARA SABER PEDIR COM SEGURANÇA, É IMPRES-
cindível saber dar.

O homem não é somente o filho de Deus no
mundo, é também o cooperador de Sua obra terrestre.
É por isso que, em toda parte, vemo-lo em regime de sociedade com a Providência Divina, no qual o
Senhor, na condição de proprietário da vida e o espírito humano na posição de usufrutuário dela, se reú-
nem na concessão e no concurso, na administração e
na execução, oferecendo ao trabalho quotas expressi-
vas de recurso e de esforço, de suprimento e proveito.

O Todo-Misericordioso concede ao lavrador a gleba indicada à produção do alimento, mas se o homem do campo pretende a colheita justa, retribuir-lhe-á com o próprio suor; cede ao arquiteto o material de construção, mas a casa não se levanta sem braços que a sustentem; confere ao homem e à mulher a alegria do templo familiar, enriquecendo-os de esperança e de amor, entretanto, se os detentores de semelhante ventura esperam no lar a edificação da felicidade, cabe-lhes empenhar o próprio coração ao apoio recíproco, de modo a garantirem a bênção conquistada.

Não bastará converter a confiança em rogativas ao Céu, para que o Céu nos responda com simpatia e favor.

É necessário consultar a nossa própria atitude junto aos valores em mão, a fim de que não estejamos reformando debalde os empréstimos contraídos.

Muitos esperam que o fracasso lhes reacenda a vigilância, no entanto, se cada um de nós permanece firme no trato de responsabilidades que a vida nos delegou, consoante as nossas próprias necessidades, sem deserções e sem dúvidas, nossa própria tarefa será uma oração contínua ao Céu, na permanente comunhão entre a nossa vida fragmentária e a Vida Total, transformando todas as nossas preces de exaltação ou de súplica em cânticos silenciosos e vivos de reconhecimento e louvor.

Chico Xavier

19
Ouro e poder

MUITA GENTE ACREDITA ENCONTRAR NA RIqueza e no poder sinais de privilégios, quando ouro e influência simplesmente não passam de recursos destinados à aferição do valor que nos assinala.

Lembremo-nos de que um homem aprisionado à sombra do cárcere é sempre alguém constrangido a mostrar virtudes que raramente possui.

Silencia por impossibilitado de gritar a desesperação que lhe vergasta o peito e revela quietação e tristeza, quais se fossem humildade e compreensão, porquanto, posto a ferros, é compelido a guardar-se em reserva compulsória.

Assim também ocorre com a enfermidade e o pauperismo, a inibição e o desvalimento na maior parte das circunstâncias.

Segregada, dentro deles, a alma reencarnada não dispõe de outros meios senão o de aceitá-los como preço ao resgate das próprias dívidas.

Entretanto, qual o sentenciado que abandona a cadeia sob exata observação, assim é a criatura que retém os talentos da fortuna e da autoridade, do equilíbrio e da robustez.

Não se encontram aqueles que os desfrutam na Terra contemplados por favores especiais, mas semi-libertados pela bênção do Céu, em regime de exame, nas escolas do mundo.

Dessa forma, nos momentos de paz, segurança e alegria, muitos de nós outros apenas respiramos, à luz de experiências novas, nas quais demonstraremos se mais não precisamos da dor e do infortúnio, na construção da estrada de elevação para Deus.

"Caridade praticada
aprimora os corações."

Chico Xavier

20
Trabalho e riqueza

O CORPO TERRESTRE É VALIOSO INSTRUMENTO de formação da verdadeira riqueza.

Mobiliza-o em teu próprio favor, no fecundo campo da vida.

Tens o primoroso equipamento do cérebro.

Aprende a produzir com ele pensamentos que te enobreçam a estrada, conquistando o apreço e a estima dos semelhantes, em teu próprio benefício.

Possuis o tesouro dos olhos.

Movimenta-o no serviço e no estudo, provendo

o próprio espírito de mais amplos valores, no setor do conhecimento que te aprimore.

Dispões da felicidade dos ouvidos.

Emprega-os na aquisição de ensinamentos edificantes que te possam clarear o futuro.

Contas com a bênção da língua.

Usa-lhe as possibilidades, emitindo o verbo sadio e fraternal, que te assegure a confiança e a simpatia dos outros.

Reténs contigo o patrimônio dos braços.

Aplica-o na plantação do bem e surpreenderás abundantes colheitas de prosperidade e alegria.

Guardas contigo o escrínio do coração.

Estende-lhe os recursos para recolher da vida os júbilos do amor, alicerce da ventura sonhada.

Nem sempre o corpo será uma cruz para a regeneração da alma.

Na maioria das circunstâncias, é a ferramenta com que o espírito pode talhar os mais altos destinos.

Não te preocupes com o problema da abastança ou da carência de utilidades materiais, porque riqueza e pobreza, à frente da Lei Divina, muitas vezes, apenas significam oportunidades de aperfeiçoamento e elevação.

Somente o trabalho sentido e vivido é capaz de gerar a verdadeira fortuna e acrescentá-la infinitamente e, por isso, amando a tarefa que o Senhor te confiou por mais inquietante ou singela, vale-te do tempo para enriquecer-te hoje de luz e amor, compreensão e merecimento, a fim de que o tempo não te encontre amanhã de coração fatigado e de mãos vazias.

IDE | Conhecimento e educação espírita

No ano de 1963, Francisco Cândido Xavier ofereceu a um grupo de voluntários o entusiasmo e a tarefa de fundarem um periódico para divulgação do Espiritismo. Nascia, então, o Instituto de Difusão Espírita - IDE, cujos nome e sigla foram também sugeridos por ele.

Assim, com a ajuda de muitas pessoas e da espiritualidade, o Instituto de Difusão Espírita se tornou uma entidade de utilidade pública, assistencial e sem fins lucrativos, fiel à sua finalidade de divulgar a Doutrina Espírita, por meio de livros, estudos e auxílio (material e espiritual).

Tendo como foco principal as obras básicas de Allan Kardec, a preços populares, a IDE Editora possui cerca de 300 títulos, muitos psicografados por Chico Xavier, divulgando-os em todo o Brasil e em várias partes do mundo.

Além da editora, o Instituto de Difusão Espírita também se desenvolveu em outras frentes de trabalho, tanto voltadas à assistência e promoção social, como o acolhimento de pessoas em situação de rua (albergue), alimentação às famílias em momento de vulnerabilidade social, quanto aos trabalhos de evangelização infantil, mocidade espírita, artes, cursos doutrinários e assistência espiritual.

Ao adquirir um livro da IDE Editora, além de conhecer a Doutrina Espírita e aplicá-la em seu desenvolvimento espiritual, o leitor também estará colaborando com a divulgação do Evangelho do Cristo e com os trabalhos assistenciais do Instituto de Difusão Espírita.

www.idelivraria.com.br

Conversando sobre o

ESPIRITISMO

Quais as bases do Espiritismo?

A Doutrina Espírita estrutura-se na fé raciocinada e no Evangelho de Jesus, com sólidos fundamentos nos seguintes princípios: a) Existência de Deus; b) Imortalidade da alma; c) Pluralidade das existências ou reencarnação, impulsionadora da evolução; d) Comunicabilidade dos Espíritos através da mediunidade, capacidade humana de intercâmbio entre os dois planos da vida; e) Pluralidade de mundos habitados.

Espiritismo é uma ciência, filosofia ou religião?

Ele engloba os três aspectos. É ciência que investiga e pesquisa; é filosofia que questiona e apresenta diretrizes para reflexão e é uma religião na prática da fraternidade, do real sentimento de amor ao próximo, tendo, como regra de vida, a caridade em toda a sua extensão, enfim, uma religião Cristã.

O Espiritismo proclama a crença em Deus, ou nos Espíritos?

O Espiritismo prega, através de uma convicção firmada na fé raciocinada, na lógica e no bom senso, a existência de Deus como inteligência suprema, causa primeira de todas as coisas, sendo Ele misericordioso, justo e bom, e vem confirmar a imortalidade da alma. Segue os ensinamentos racionais e coerentes dos Espíritos de ordem superior e, principalmente, os de Jesus como único caminho para a evolução espiritual, baseados na caridade, em todas as suas formas, através do amor ao próximo.

Para onde vamos quando morremos?

Retornamos ao mundo espiritual, nossa morada original, exatamente de onde viemos. Somos Espíritos e apenas estamos no corpo físico em estágio temporário de aprendizado. No mundo espiritual, reencontraremos os Espíritos com quem nos sintonizamos, daí a importância da vida reta e moralmente digna, desapegada das questões materiais, de coração sem mágoa, vinculada ao bem e ao amor desprendido.

Se quiser saber mais sobre o Espiritismo, o que devo ler?

As obras de Allan Kardec, a saber: *O Evangelho Segundo o Espiritismo, O Livro dos Espíritos, O Livro dos Médiuns, O Céu e o Inferno* e *A Gênese.*

www.idelivraria.com.br

FUNDAMENTOS DO
ESPIRITISMO

1º *Crê na existência de um único Deus, força criadora de todo o Universo, perfeita, justa, bondosa e misericordiosa, que deseja a felicidade a todas as Suas criaturas.*

2º *Crê na imortalidade do Espírito.*

3º *Crê na reencarnação como forma de o Espírito se aperfeiçoar, numa demonstração da justiça e da misericórdia de Deus, sempre oferecendo novas chances de Seus filhos evoluírem.*

4º *Crê que cada um de nós possui o livre-arbítrio de seus atos, sujeitando-se às leis de causa e efeito.*

5º *Crê que cada criatura possui o seu grau de evolução de acordo com o seu aprendizado moral diante das diversas oportunidades. E que ninguém deixará de evoluir em direção à felicidade, num tempo proporcional ao seu esforço e à sua vontade.*

6º *Crê na existência de infinitos mundos habitados, cada um em sintonia com os diversos graus de progresso moral do Espírito, condição essencial para que neles vivam, sempre em constante evolução.*

7º *Crê que a vida espiritual é a vida plena do Espírito: ela é eterna, sendo a vida corpórea transitória e passageira, para nosso aperfeiçoamento e aprendizagem. Acredita no relacionamento destes dois planos, material e espiritual, e, dessa forma, aprofunda-se na comunicação entre eles, através da mediunidade.*

8º *Crê na caridade como única forma de evoluir e de ser feliz, de acordo com um dos mais profundos ensinamentos de Jesus: "Amar o próximo como a si mesmo".*

9º *Crê que o espírita tenha de ser, acima de tudo, Cristão, divulgando o Evangelho de Jesus por meio do silencioso exemplo pessoal.*

10º *O Espiritismo é uma Ciência, posto que a utiliza para comprovar o que ensina; é uma Filosofia porque nada impõe, permitindo que os homens analisem e raciocinem, e, principalmente, é uma Religião porque crê em Deus, e em Jesus como caminho seguro para a evolução e transformação moral.*

Para conhecer mais sobre a Doutrina Espírita, leia as Obras Básicas, de Allan Kardec.

www.idelivraria.com.br

idelivraria.com.br

Pratique o "Evangelho no Lar"

Aponte a câmera do celular e faça download do roteiro do **Evangelho no lar**

Ide editora é nome fantasia do Instituto de Difusão Espírita, entidade sem fins lucrativos.

◯ ideeditora   f ide.editora   🐦 ideeditora

◄◄ **DISTRIBUIÇÃO EXCLUSIVA** ►►

Av. Porto Ferreira, 1031 | Parque Iracema
CEP 15809-020 | Catanduva-SP
📞 17 3531.4444   💬 17 99777.7413

◯ boanovaed
▶ boanovaeditora
f boanovaed
🌐 www.boanova.net
✉ boanova@boanova.net

Fale pelo whatsapp

Acesse nossa loja